Mi Primer Libro del Hadiz

Enseñando a los Niños el Camino del Profeta Muhammad, la Etiqueta y los Buenos Modales

por The Sincere Seeker Kids Collection

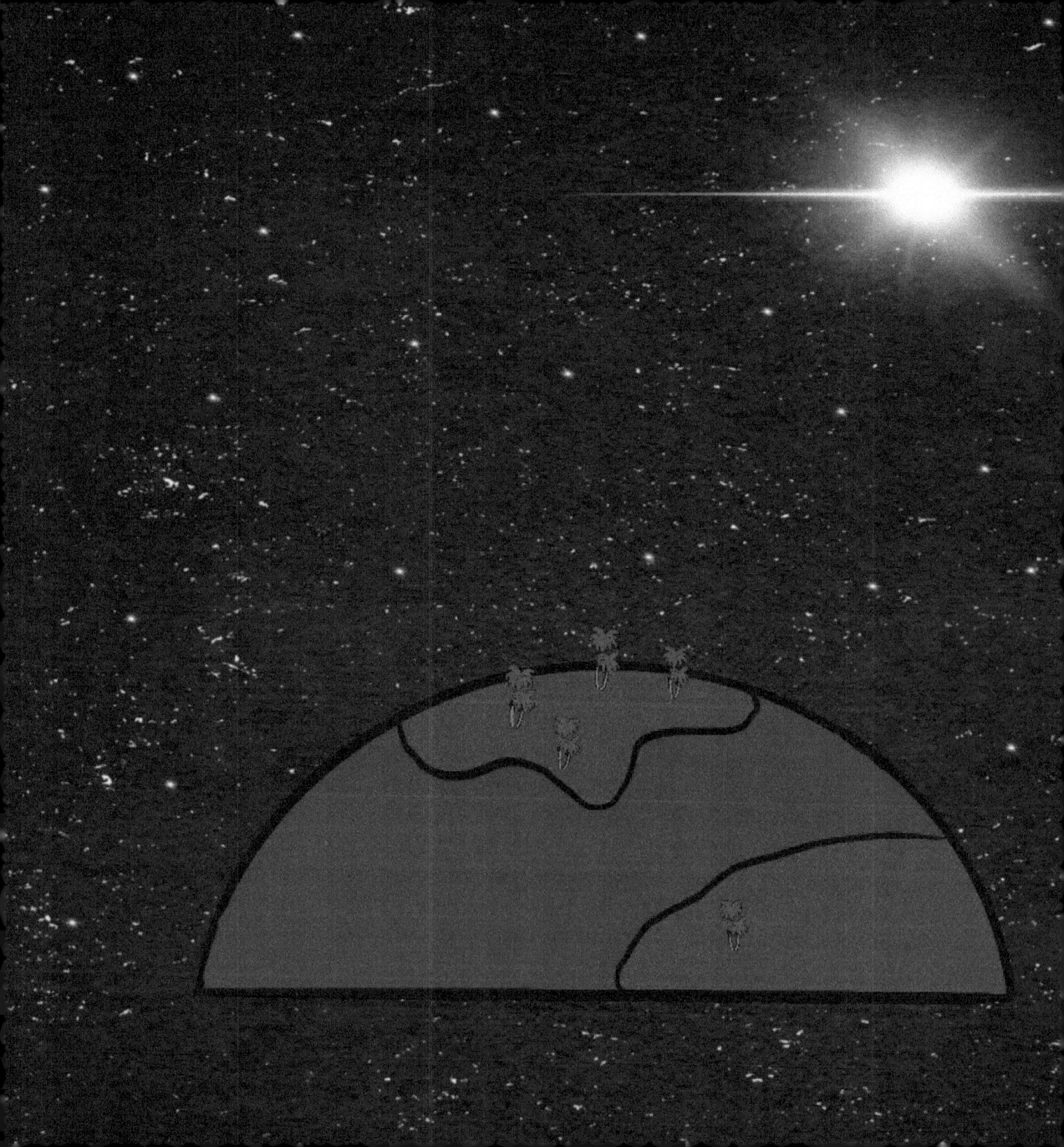

Por Su Misericordia y Amor por nosotros, nuestro Dios, Alá envió a muchos Mensajeros y Profetas para enseñarnos sobre Él y el propósito de nuestras vidas. A los que seguimos las enseñanzas de Alá en la religión del Islam se les llama Musulmanes. A los Musulmanes se les enseña que nadie debe ser adorado excepto nuestro Dios Alá, el Creador de los Cielos y la Tierra, el Creador de ti y de mí. El último Profeta que Alá nos envió fue el Profeta Muhammad, la Paz Esté Con Él.

El Profeta Muhammad, la Paz Esté Con Él, nació en La Meca. Cuando tenía 40 años, fue solo a la Cueva Hira para meditar y pensar profundamente sobre la vida y este universo en el mes de Ramadán, el noveno mes del calendario Islámico. Mientras meditaba en la cueva, un Ángel llamado Gabriel entró en la cueva. El asustado Profeta Muhammad, La Paz Esté Con Él. Pero el ángel lo abrazó con fuerza y le ordenó que leyera el Sagrado Corán, que había bajado de Alá, tres veces. El Profeta Muhammad, La Paz Esté Con Él, dijo: "No sé leer". Entonces, el Ángel Gabriel le leyó el primer versículo del Sagrado Corán. El Profeta Muhammad, La Paz Esté Con Él, todavía estaba muy asustado y corrió a casa con su esposa y le pidió que lo cubriera. Le contó a su esposa, Khadijah, lo que había sucedido. Ella rápidamente lo consoló y le dijo: "Nuestro Dios Alá nunca te humillará, porque eres bueno con tu familia y ayudas a los pobres y necesitados". Después de eso, Alá envió el Sagrado Corán pieza por pieza al Profeta Muhammad, a través del Ángel Gabriel, durante los siguientes 23 años.

El Sagrado Corán que nuestro Dios Alá nos envió es el Libro Principal del Islam escrito con las exactas palabras de Alá. Él lo envió para guiarnos hacia Él, construir una relación con Él y enseñarnos a amarlo a Él. El Sagrado Corán nos enseña todo lo que necesitamos para aprender a vivir una vida buena y saludable. El Sagrado Corán nos enseña lo que es bueno para nosotros en la vida. También nos enseña lo que está mal y es dañino en la vida y lo que no debemos hacer.

Después de que el Profeta Muhammad, La Paz Esté Con Él, recibió el Sagrado Corán de Alá, pasó el resto de su vida explicando y viviendo el Sagrado Corán y las enseñanzas del Islam a sus amigos que estaban con él, llamados compañeros. Cuando el Profeta Muhammad, La Paz Esté Con Él, enseñó a sus amigos, ellos escribirían sus declaraciones, acciones y creencias. Esto que sus amigos escribieron se recopiló en lo que se llama 'Hadiz', que significa discurso, informe o noticia. El Hadiz son los dichos que el Profeta Muhammad dijo, hizo o aprobó. El Hadiz nos ayuda a comprender y responder preguntas sobre los detalles de nuestra religión del Islam, y nos explica el Sagrado Corán con más detalle.

A diferencia del Sagrado Corán, el Hadiz no son las palabras de Alá. Pero son las palabras y acciones del último Profeta de Alá, Muhammad, La Paz Esté Con Él, a quien Alá nos envió para enseñarnos todo lo que necesitamos saber para vivir una buena vida.

El Profeta Muhammad, La Paz Esté Con Él, fue enviado para guiarnos y llevarnos a nuestro Dios Alá, nuestro Creador. Por lo tanto, el Profeta Muhammad, La Paz Esté Con Él, entendió el Sagrado Corán, amó el Sagrado Corán y vivió su vida basándose en las enseñanzas del Sagrado Corán.

El Profeta Muhammad, La Paz Esté Con Él, es el modelo a seguir que Alá envió a todos en este mundo para mostrarnos cómo vivir como él, imitarlo y seguirlo. Alá lo envió como un ejemplo de cómo debemos vivir nuestras vidas. Alá nos ordenó seguir a Su Profeta, Muhammad, La Paz Esté Con Él, por lo que seguir al Profeta Muhammad, La Paz Esté Con Él, es seguir y ser obediente a Alá, nuestro Creador.

Las acciones y prácticas del Profeta Muhammad se llaman "Sunnah", que significa "el camino" o "la práctica de". Si hacemos lo mencionado en el Sunnah, imitamos todo lo que el Profeta dijo, hizo o aprobó. El Sunnah nos ayuda a los Musulmanes a tratar de copiar y seguir la fe, el comportamiento, la actitud, la paciencia, la compasión y la rectitud del Profeta Muhammad. Los Musulmanes también intentamos imitar todo lo que hizo el Profeta, incluyendo cómo y qué comió y bebió, la posición en la que durmió, la forma en que se comportó e interactuó con los demás, y más.

Alá nos ha enviado una guía a través del Hadiz para vivir de la mejor manera posible en nuestras vidas. Alá y el Profeta Muhammad nos aman y quieren lo mejor para nosotros. Todo lo que Alá y el Profeta Mahoma nos han dicho que hagamos o que nos mantengamos alejados es solo para nuestro beneficio, por lo que debemos escucharlos por nuestro propio bien.

Sinceridad

Un excelente lugar para comenzar a aprender el Hadiz es aprender sobre la sinceridad. Este Hadiz sobre la sinceridad nos enseña que lo que hacemos en nuestras vidas se juzga y recompensa en función de nuestra intención de hacer eso. Hacer las cosas con buenas intenciones se llama sinceridad. Las buenas intenciones y la sinceridad se forman en el corazón. Si hicimos una buena acción para complacer a nuestro Dios Alá y lo hicimos por una buena razón, seremos recompensados por Alá. Un Musulmán puede tener varias buenas intenciones cuando hace una buena acción. Por ejemplo, un Musulmán puede hacer una buena acción para complacer a Alá y volverse humilde, ¡y sería recompensado con más buenas acciones! Debemos escuchar constantemente lo que nos dice nuestro corazón para asegurarnos de que estamos haciendo buenas obras para complacer a Alá. También debemos hacer buenas acciones en privado, donde solo Alá pueda vernos, incluso si otros no pueden vernos.

Alardear

Lo opuesto a la sinceridad es alardear. Si alguien hace algo con mala intención para alardear frente a los demás e impresionarlos, no será recompensado. Siempre que hagamos una buena acción, debemos ser sinceros al respecto y hacerlo solo por la causa de Alá, no para presumir ante los demás o para buscar elogios o dinero. Entonces, la próxima vez que hagas una buena acción, detente y piensa por qué estás haciendo esa buena acción. ¿Eres sincero al hacerlo o lo estás haciendo para impresionar a otra persona y tal vez lucirte? Se nos alienta a ser humildes y no alardear. Alá ama a los humildes. Debemos complacer constantemente a Alá y no alardear.

Buenos Modales y Buen Carácter

Todo Musulmán debe tener buenos modales y buen carácter. Esto es muy importante en nuestra religión del Islam. Nuestro Profeta Muhammad, la paz esté con él, tuvo los mejores modales y buen carácter. Siempre trataba a las personas que lo rodeaban con el mayor respeto y solo les decía cosas buenas.

Para tener buenos modales, los Musulmanes deben ser amables con la gente. Los Musulmanes deben ser especialmente amables con sus padres. Los Musulmanes deben decir buenas palabras, decir la verdad, no mentir, cumplir sus promesas, no herir a nadie y no insultar a nadie. Deben tratar a las personas de manera justa, tener solo buenos pensamientos sobre los demás, no acusar a la gente de hacer cosas malas, no tomar nada que no sea de ellos, no burlarse de los demás y no meterse en discusiones y peleas. Los Musulmanes no deben ser groseros, y deben bajar la voz, no enojarse y no hacer chismes. Deben perdonar a los demás para que Alá pueda perdonarlos. Deben ser pacientes, gentiles, humildes y alegres, y deben sonreír.

Una persona no puede tener mejor bendición que tener buenos modales. Es una mejor bendición que tener mucho dinero y una casa grande. Tener buenos modales es señal de tener Fe. En el Día del Juicio, no habrá nada más pesado en la escala de las buenas acciones que los buenos modales. Alá es hermoso y ama la belleza. Alá ama a las personas con buenos modales. No ama a las personas que tienen malos modales. Además de tener Fe y decir: "No hay deidad digna de adoración excepto Alá", la forma más fácil de llegar al cielo es teniendo buenos modales. La mejor manera de saber si tienes buenos modales es ver cómo tratas a tu familia. Nuestro Profeta dijo que los mejores entre ustedes son aquellos que son mejores con sus familias.

Ser Bueno con Tus Padres

Ante nuestro Dios, Alá nos ordenó orar, ayunar, pagar zakat y hacer Hajj; Él nos ordenó que lo adoramos solo a Él y a nadie más y que seamos buenos con nuestros padres. Dijo que deberíamos ser buenos con nuestros padres inmediatamente después de ordenarnos que no adoramos a nadie más que a Él, lo que nos muestra lo importante que Alá pensó que era ser bueno con nuestros padres.

Nuestros padres nos aman demasiado y se sacrificaron mucho por nosotros, y nunca podremos devolverles lo que han hecho por nosotros. Merecen mucho respeto de nuestra parte. Debemos amar, honrar, obedecer y servir a nuestros padres por el resto de nuestras vidas. No será fácil, requerirá esfuerzo y paciencia de nuestra parte.

Debemos tener cuidado de no demostrarles a nuestros padres que estamos molestos, ni decirles algo como '*uff*'. Debemos amarlos, orar por ellos, mostrarles respeto, ser amables con ellos, escucharlos y no hacer cosas que los enojen. Debemos servirles y agradecerles frecuentemente. No debemos dirigirnos a nuestros padres por sus nombres, no debemos caminar frente a ellos ni sentarnos frente a ellos. Debemos ponernos de pie cuando entren a una habitación y besarlos en la frente frecuentemente.

Ser bueno con nuestros padres trae muchos beneficios y recompensas. Alá responde a las oraciones de los padres a sus hijos. Ser bueno con nuestros padres gana el placer de Alá, y enojar a nuestros padres gana la ira de Alá. Ser buenos con nuestros padres es el camino más fácil al cielo, ya que el cielo está a los pies de nuestra madre. Es un gran pecado desobedecer y faltarles el respeto a nuestros padres.

Recordando a Alá

Como Musulmanes, debemos recordar y alabar constantemente a Alá desde que nos levantamos por la mañana hasta que nos acostamos a dormir. El Sagrado Corán y el Sunnah nos recuerdan en muchos lugares lo importante que es recordar, alabar y glorificar a Alá, el Todopoderoso, nuestro Creador, con nuestro corazón y nuestras palabras. Nuestra Fe está vinculada a recordar a Alá y agradarle. Cuanto más pensamos en Alá, más crece nuestra Fe. Como seres humanos, cuanto más amamos a alguien, más pensamos en él. Debemos recordar a Alá siempre para que nuestro amor por Alá crezca. Cuanto más pensamos en Alá, más piensa Él en nosotros. Anuncia nuestro nombre en los lugares más altos. Estamos en el recuerdo de Alá cuando estamos en oración, recitando el Corán y otras formas de adoración, por eso las hacemos. Aquellos que siempre recuerdan a Alá vivirán una vida hermosa, y aquellos que no recuerdan a Alá no vivirán una vida hermosa.

Saludar a los demás con 'Assalamu Alaikum'

"Assalamu Alaikum" es un saludo y una oración que significa: "Que la paz de Dios esté contigo". Justo después de que nuestro Dios Alá creara a Ada, la paz esté con él, el primer ser humano, Alá le dijo que caminara hacia un grupo de Ángeles y los saludara con "Assalamu Alaikum". Alá le pidió a Adán que memorizara la respuesta de los Ángeles, ya que será su saludo y el saludo pronunciado por los Musulmanes hasta el Día del Juicio. Este saludo fue la primera frase que Alá le enseñó a Adán, la paz esté con él. Es un saludo que vino directamente del Cielo.

El Profeta Muhammad, la paz esté con él, dijo que no entrarían al Paraíso hasta que crean, y no creerán hasta que se amen el uno al otro. ¿Debo decirte cómo pueden amarse el uno al otro? Propaga el Salaam entre ustedes. Saludar a los demás con "Assalamu Alaikum" transmite amor. Cada vez que saluda a otros con "Assalamu Alaikum", obtienes recompensas de Alá.

Cuando alguien te saluda con "Assalamu Alaikum", debes responder con algo mejor o al menos parecido. Cuanto más larga sea la respuesta, mejor. Entonces, respondes con "Alaikum Salam Wa Rahmatu Alá", que significa "Y que la paz y la misericordia de Alá esté contigo". Si un Musulmán se encuentra con otro y le da el Salaam mientras le da la mano, sus pecados se caen como las hojas caen de un árbol.

Siempre que entres a una casa o cualquier lugar, debes decir el saludo Salaam, ya sea que haya gente o no. Estás esparciendo el Salaam sobre ti mismo, y puede haber Ángeles allí que no puedes ver en la casa. El que está caminando debe decir el Salaam a los que están sentados. También deberías decir el Salaam cuando te vayas.

Sonreír a los demás

Como Musulmanes, deberíamos intentar trabajar nuestra apariencia. El Profeta Muhammad, la paz esté con él, siempre tuvo una sonrisa en su rostro. No solo debes sonreír a los demás, sino que debes tratar de poner una sonrisa en tus hermanos y hermanas y darles alegría porque para nuestro Dios Alá, esa es una de las cosas más amorosas que puedes hacer. Sonreír fortalece la hermandad y es contagioso.

Honrar a los invitados

El Islam enseña a los Musulmanes que debemos honrar a nuestros invitados y mostrar generosidad. Si lo hacemos, seremos recompensados. Nuestros invitados deben ser recibidos con el Salaam y con una alegre sonrisa en nuestro rostro. Debemos tratar bien a nuestros invitados, entretenerlos y hacerlos sentir cómodos. Debemos apresurarnos a ofrecerles comida y bebidas, para que no tengan que pedir nada por ellos mismos. Al final, cuando nos despedimos, debemos hacerlo de manera respetuosa.

Ser Agradecido y Decir 'Gracias'

Nuestro Dios Alá nos ha dado tantas bendiciones y favores que no podemos contarlas. Nuestro Profeta Muhammad, la paz esté con él, nos enseñó a no mirar a aquellos que tienen más riqueza o estatus que nosotros porque puede llevarnos a ser ingratos y no apreciar todas las bendiciones y favores que Alá nos ha dado. Por el contrario, debemos compararnos con aquellos que tienen menos de lo que tenemos para que podamos reconocer todo lo que Alá nos ha dado y ser más agradecidos.

La gratitud puede fortalecer nuestra Fe, hacernos más justos y acercarnos a Alá. La gratitud es la clave para las recompensas y el placer de Alá. Ser agradecido también aumentará nuestras bendiciones y favores. Cuanto más agradecidos estemos, Alá nos dará más.

Debemos sentirnos agradecidos en nuestro corazón y debemos demostrarlo con nuestras palabras al hablar. Debemos acostumbrarnos a siempre agradecer a Alá por todo lo que nos ha dado diciendo "Alhamdulillah", que significa "Alabado sea y gracias a Alá". También debemos decir otras palabras de agradecimiento a Alá, a nuestros padres y a otras personas que nos ayudan o merecen nuestro agradecimiento.

El Profeta Muhammad, la paz esté con él, nos enseñó que cuando escuchamos buenas noticias, ya sea algo que ganamos o algún daño que hemos evitado, debemos hacer un sujood a Alá para mostrar nuestro agradecimiento y aprecio a Alá. Esto fue algo que el Profeta Muhammad, la paz esté con él, solía hacer. No tienes que ponerte en dirección a Qibla ni estar en Wudu para el sujood. También debemos expresar gratitud haciendo buenas obras. Una excelente manera de mostrar agradecimiento a Alá es obedecerle y orarle. Otra forma de mostrar gratitud a Alá es practicar la paciencia durante momentos difíciles, que en realidad es una prueba de Alá para ver si aún somos agradecidos durante un momento difícil.

Se Generoso con los demás

También podemos mostrar agradecimiento al dar algo de lo que tenemos a los demás. Puedes dar a los demás de diferentes maneras, ya sea donando dinero, comida, ropa, juguetes, algo de tu tiempo, ayudando a una persona mayor con sus compras, quitando un objeto de la carretera, sonriendo y hablando amablemente con los demás, etc. Generosidad es dar de corazón. Ser generoso conlleva muchos beneficios y recompensas. Aumenta tu Fe, te acerca a Alá, aumenta tus bendiciones y favores de Alá, y Alá, a cambio, eliminará obstáculos y desafíos en tu vida.

Desear el Bien a los demás

Un musulmán debe desear el bien para sus hermanos y hermanas tanto como para sí mismo. Ésta es una cualidad esencial de la Fe. Esto requiere que un Musulmán no sea celoso, envidioso ni odie a un hermano o hermana. Tampoco deberíamos sacar a relucir sus defectos o errores en público.

Ayudar a los demás

Nuestro Dios Alá seguirá ayudándote si sigues ayudando a tus hermanos y hermanas. Si ayudas a alguien que lo necesita y facilitas su situación, Alá te lo facilitará en este mundo y en el Más Allá.

Etiqueta al comer (Parte 1)

Si amamos al Profeta Muhammad, la paz esté con él, debemos estar ansiosos por seguirlo a él y a sus enseñanzas. El Profeta Muhammad, la paz esté con él, recibió las instrucciones para nuestro estilo de vida, incluyendo la etiqueta al comer y beber. Seguir el Sunnah del Profeta Muhammad, la paz esté con él, tiene muchos beneficios.

Antes de comer:

- Asegúrate de que lo que estás comiendo se haya preparado de manera halal (permitida) y no haram.
- Solo podemos comer comida halal y no podemos comer comida haram, como cerdo o beber alcohol.
- Si tienes invitados, ofréceles comida. Si eres un invitado, acepta sin dudar la comida de tu anfitrión, para no herir sus sentimientos.
- Lávate las manos antes de comer para eliminar los gérmenes, las bacterias y cualquier otra impureza.
- Menciona el nombre de Alá antes de comer diciendo 'Bismillah' ("En el nombre de Alá"). Se recomienda decir otras duas antes de comer. Si olvidas mencionar el nombre de Alá al principio, puedes decir "Bismillah Awwalahu Wa Akhirahu" (En el nombre de Alá al principio y al final) tan pronto como lo recuerdes.

Al comer (Parte 2)

Mientras comes, y después:

- Come y bebe solo con la mano derecha y no con la izquierda. Sostén tus utensilios solo con tu mano derecha. El diablo come con la mano izquierda.
- Come y bebe sentado con las rodillas dobladas o las piernas dobladas. Siéntate y no se recuestes ni acuestes mientras comes o bebes.
- Come de lo que esté más cerca y frente a ti, en lugar de tener la mano por todo el plato.
- Come desde el borde del plato en lugar del centro del plato, ya que las bendiciones fluyen hacia afuera desde el centro del plato de comida.
- Evita beber de una jarra. En cambio, bebe únicamente de una taza.
- Toma tres sorbos de tu bebida. No tragues tu bebida de una sola vez. Evita respirar en tu taza y evita soplar en tu vaso. No hagas sorbos en tu bebida o sopa.
- Come despacio y no apresures. Mastica bien con la boca cerrada. No llenes la boca. No hables al comer.
- No digas nada malo de la comida. Haz buenos cumplidos cuando comas algo que disfrutaste.
- Es mejor compartir tu comida con otras personas y comer de un plato común en lugar de platos separados.
- Come con tres dedos, a menos que necesites más dedos, y lame tus dedos uno por uno después de terminar tu comida.
- Si comida cae accidentalmente al suelo mientras estás en casa, recógelo y quítale el polvo antes de comerlo. Dejarlo en el suelo alimentaría al diablo.
- Come con moderación y no comas en exceso. Llena tu barriga con un tercio de comida, un tercio de bebida y un tercio de aire. Muchas enfermedades son causadas por comer en exceso.
- Asegúrate de haber terminado todo en tu plato porque no sabes dónde están las bendiciones en tu plato. No desperdicies la comida.
- Alaba y agradece a Alá después de terminar de comer diciendo "Alhamdulillah" y recita otros duas.
- Lávate las manos y realiza gárgaras con agua en la boca.

El Sunnah de Dormir

El sueño es una gran bendición que nuestro Dios Alá nos ha dado para descansar y refrescar nuestra mente, cuerpo y espíritu. La falta de suficiente sueño puede provocar dolor, malestar y otros problemas de salud. Hay cierto Sunnah y etiqueta que el Profeta Muhammad, la paz esté con él, nos ha enseñado a dormir religiosa y pacíficamente.

- Uno no debe dormir antes de la oración Isha. Después de la oración Isha, no debería haber largas discusiones, y se nos anima a dormir inmediatamente después.
- Desempolva la cama con el borde de una prenda tres veces
- Limpia y cepilla tus dientes con un cepillo de dientes y usa un Miswaak.
- Realiza el wudu para dormir en purificación.
- Apaga todas las luces, cierra todas las puertas y cierra los recipientes con comida. Cuanto más oscura sea la habitación, mejor, para no perturbar tu sueño.
- Duerma en dirección a la Qibla si es posible.
- Duerme sobre el lado derecho de tu cuerpo y no duermas sobre tu lado izquierdo o sobre tu vientre. Coloca tu mano derecha debajo de tu mejilla derecha y mantén las rodillas ligeramente dobladas.
- Recita tu dua antes de dormir; "¡O Alá (SWT)! Con tu nombre, muero y vivo".
- Recita las tres Surahs breves; Al-Ikhlaas, Al-Falaq y Al-Naas, luego coloca tus manos en una posición ahuecada y sóplalas. Luego, pasa un paño por todo el cuerpo tres veces, comenzando por la cabeza, la cara y la parte frontal del cuerpo.
- Lee el Surah Al-Mulk, así como los dos últimos versos del Surah Baqarah antes de dormir.
- Lee Ayat Al-Kursi para protegerte del diablo.
- Recita "Subhan Alá y Alhamadillah" 33 veces y luego "Allahu Akbar" 34 veces.
- Cuando despiertes, recita tu dua matutino; "Alabado sea Alá, quien nos ha devuelto la vida después de hacernos morir, y para Él es la resurrección".

Buena Higiene Personal

El Islam alienta y otorga gran importancia a la limpieza del corazón, mente, alma y cuerpo. Nuestro Dios Alá ama a los que están limpios y se purifican. Por lo tanto, permanecer limpio y puro es un acto de adoración que te acercará a Alá y serás recompensado.

El Profeta Muhammad, la paz esté con él, fue el mejor modelo a seguir para la limpieza. El Profeta Muhammad, la paz esté con él, nos enseñó cómo eliminar la impureza de nosotros mismos. Se nos dice que realicemos el Wudu (ablución) antes de cada Oración y nos aseguremos de que cada parte de nuestro cuerpo que se supone que debe ser tocada con agua se toque con agua. El Profeta Muhammad, la paz esté con él, amaba los perfumes y oler bien por la causa de Alá. El Profeta Muhammad nos ordenó limpiarnos después de ir al baño, cortarnos las uñas de las manos y los pies, lavarnos las manos antes y después de comer y mantener nuestros dientes, encías y aliento sanos y limpios cepillándonos los dientes y usando el miswak. Si comes ajo crudo, no vayas a la Mezquita ni te reúnas con gente, ya que puede resultar ofensivo. Hacemos todo esto por el bien de Alá y para estar preparados para encontrarnos con Alá.

Fin.